はじめての
フライング
スター風水

藤木梨香子

FLYING STAR
FENG SHUI

自由国民社

はじめに

　一昔前、風水がブームだった時代がありました。
　書店には風水本コーナーがあり、テレビや雑誌でも盛んに取り上げられていたことを記憶しています。

　今も風水ファンという方、一度は風水にはまったご経験がある方、風水とは中国に伝わる迷信の類ではないかというイメージをお持ちの方に、ぜひ、お試しいただきたい風水術があります。

　現在、国民一人当たりのGDPや富裕率ではアジアナンバーワンの国＝**シンガポール**を代表する有名ホテルやショッピングモールの多くが、風水術にもとづいて建てられているという事実をご存知でしょうか。

　シンガポールに行ったことがある方はもちろん、行ったことがない方でも３つの建物の上に乗った空中庭園とプールで有名なマリーナベイサンズの画像を見たことのある方は多いのではないかと思います。
　あの奇妙な形をしたホテルや、カジノがあるコンベンションセンターは、風水の理論にもとづいてデザインされています。

はじめに

「風水の国シンガポール」というキャッチコピーから、マーライオンやシンガポールフライヤー（観覧車）、サンテックシティモールの富の噴水を思い浮かべる方が多いのではないかと思いますが、本書でご紹介するのは、今挙げたような「形や物として目に見えるエネルギー」を使う風水術ではありません。

超近代的高層ビルと豊かな緑が違和感なく共存するこの国では、風水がはっきりそれとはわからない形で建造物に溶け込んでいます。

本書でご紹介するのは、この**「目に見えないエネルギー」**を使う**フライングスター風水**です。

実例として幾つかの商業施設をご紹介しますが、シンガポールでは多くのオフィスビルもこの風水術を使って設計されています。歴史が浅く、資源にも乏しく、国土は東京23区とほぼ同面積という国ですが、イギリスのシンクタンク Z/Yen グループが2016年に発表した国際金融センター指数ランキングでは、ロンドン、ニューヨークに次いで世界第3位にランクインしています。

向学心から、シンガポールの金融街のあるオフィスビルの風水を調べたことがあります。建物内には立ち入らず外から調べていただけでしたが、警備員が険しい顔で飛んできました。風水を勉強中であることを伝えると表情が和みましたが、「撮った写真は出版物に載せないように」と釘を刺されてしま

いました。件のオフィスビルの風水を本書でご紹介するのは無理と判断せざるを得ず、とても残念です。シンガポール経済を牽引する企業の一つと言える会社の自社ビルでしたが、フライングスター風水術を使って周到にデザインされた建物でした。

　フライングスター風水とは、お家やショップ、オフィスの金運スポットを見つけて、そのエネルギーを簡単な方法で上げることで、貴方の生まれ持った金運を最大限に高めることができる風水術です。
　フライングスターという言葉が表す通り、その金運スポットとも呼べるエネルギーを星で表します。
　マンションの一室や一軒家も、ホテルや大きなオフィスビルと同じようにこの風水術を使って金運を上げることができます。
　起業をお考えの方、ショップを経営なさっている方、ご自宅でのサロン経営などをお考えの方、とにかく金運を上げたい、とお考えの方々に、ぜひこの風水術の効果を感じていただきたいという思いから、金運を上げる方法を中心に解説しました。

　フライングスター風水の本場の国には、経験を積んだ風水コンサルタントがいますが、日本では誰に相談すればよいのかよくわからないというのが実情ではないかと思います。
　だからと言って、フライングスター風水術で自分のオフィ

スや自宅を鑑定するためには、陰陽五行や八卦の基礎知識を勉強した上に羅盤が必要、となったらなかなかこの風水術を試してみる気にはならないのではないでしょうか。

　もしそうだとしたら、とてももったいないことだと思います。

　一人でも多くの方にフライングスター風水術の素晴らしさをお伝えするために、難しそうな話や理屈はすべて抜きにして、自分の家やショップのフライングスターチャートを特定するための方法や風水対策を解説しました。

　難しそうとお感じになったら、シンガポールのショッピングモールやホテルを例に解説した第2章からお読みになることをお勧めします。
　実はとてもシンプルで明快な風水術であることを感じていただけるのではないかと思います。

　一度建物のエネルギーマップであるフライングスターチャートが特定できれば、あとはとても簡単です。
　風水対策で使う小物も身近なものばかりです。

　言うまでもありませんが、フライングスター風水で完璧な家を建てて住めば、自動的に空からお金が降ってくるというわけではありません。
　また、風水発祥の地である中国には「1に命、2に運、3

に風水」という格言があります。

　これは、風水によって生まれ持った天命や運を変えることは難しい、ということを意味します。

　確かに、もし風水が1番に来るのであれば、フォーブスの長者番付の上位に風水師がいてもおかしくないはずです。

　風水で住環境を整える意味は、その人が本来持っている金運や健康運を最大限に引き出すことにあります。

　天命を変えることは難しくても、フライングスター風水で環境を整えることによって、建物から最大限のサポートを得ることが可能です。

　皆様のビジネスや日々の金運アップに、ぜひ本書をお役立ていただきたいと思います。

目 次

はじめに　2

第1章　フライングスター風水とは〜古代中国の天文学　9

なぜ日本に伝わらなかったのか？　10
香港、台湾、シンガポールに伝わった　11
「風水」とは？　12
フライングスター風水の特徴　13
北斗七星に由来する9つの星　13
水星と山星　14
建物内のエネルギーは20年ごとに変わる　15
お金を運んでくる水星　16
水星8がお金を運んでくるための条件　17

第2章　フライングスター風水@シンガポール　19

キーナンバーは8、9、1　20
スコッツスクエア(2010年〜)　21
アイオン(ION、2009年〜)　25
マリーナベイサンズ(2010年〜)　28
シャングリラホテル(1971年〜)　38
番外編：フライングスター風水からみた日本の
伊勢丹新宿店(1933年〜)　43

第3章　フライングスターチャートを調べる　47

フライングスターチャートを特定する手順　48
フロアプランに水星、山星を書き入れる　58
地図から正面方位を導き出す方法　63
店舗、オフィスがビル内にある場合の
フライングスターチャート　68

自宅がマンションの場合のフライングスターチャート　68

第4章　オフィス、ショップ、自宅の金運を上げる方法　71
　　水星8がある方位に何があるか　72
　　水星2〜水星7とその対策　76
　　山星の効果とその効果を発揮する場所　83
　　ベッドとデスクの位置　84

第5章　年運星とその対策　87
　　年運星――年ごとに場所を変えて飛んで来る星　88
　　不運、災難を呼ぶ危険がある年運星5の対策　89
　　病気を招く危険がある年運星2の対策　90
　　喧嘩や泥棒を招く危険がある年運星3の対策　90
　　法律問題、スキャンダルを招く危険がある年運星7の対策　91
　　年運星（2017年立春〜2026年立春前日）　92

第6章　ケーススタディ　93
　　ショッピングモールの中にあるカフェ　94
　　ワンルームオフィス　98
　　自宅マンションでネイルサロン　103

第7章　グローバル化する風水　109
　　風水コンサルタントになるまで　110
　　世界に広がるフライングスター風水　111
　　ドナルド・トランプ氏と風水　114

おわりに―フライングスター風水にできること　116

資料　フライングスターチャート　121
付録　フライングスター風水方位シート　巻末

第1章
フライングスター風水とは

古代中国の天文学

なぜ日本に伝わらなかったのか？

唐の時代の国家最高機密

　フライングスター風水の起源は紀元前2637年に遡りますが、最古の記録は唐の時代、敦煌の洞窟に描かれた暦に色と数字で記された9つの星であると言われています。

　唐と言えば、我が国から遣唐使が派遣されていた時代とちょうど重なります。

　玄宗皇帝は日本からはるばるやって来た遣唐使を厚くもてなしたようですが、このフライングスター風水だけは日本、朝鮮、モンゴル等から来る外国人留学生には絶対に教えてはならない、と箝口令を敷いたと言われています。

　遣唐使達は、玄宗皇帝から頂戴した宝物を町で売り、そのお金で書物を買い漁ったとどこかで読んだことがありますが、この風水術だけは手に入れることができなかったようです。

　やがて唐の政情不安もあって遣唐使制度は廃止され、中国国内でも、この風水術は歴史の荒波のなか、ごく一部の風水師達の秘技として水面下でのみ伝えられていったため、玄宗皇帝が国家最高機密と捉えたフライングスター風水術は、中国国内でも一般庶民に知られることはなく、日本に渡ってくる機会もありませんでした。

香港、台湾、シンガポールに伝わった

　いくつもの王朝が興っては滅んでいくなか、この風水術は秘密を厳守する風水老師達の手によって、庶民とは無縁の世界で引き継がれていきました。

　清朝末期、**沈竹礽**（1849～1906）という風水研究家が、友人の家でフライングスター風水の本を発見し、その鑑定結果の的確さに感動してこの風水術の実証研究に没頭しました。彼の長男が父親の死後、その研究成果を編纂して出版した「沈氏玄空学」という本が、現在、世界に広がりつつあるフライングスター風水術のバイブルとなっています。1925年に初版、1933年に拡大版が出版されています。

　それまで厚い秘密のベールに覆われていたこの風水術が庶民の手に届くことになった背景には、1912年の清王朝の滅亡があります。
　風水師達は、それまで彼らを雇っていた皇帝一族や高官達が姿を消してしまったため、生きていくために商人や庶民に門戸を開かざるを得なくなったのです。その後、中華人民共和国が成立すると、共産党政権の「迷信撲滅運動」によって弾圧を受けた風水師達は台湾や香港、シンガポールを含むマレー半島に移住しました。この移住先でフライングスター風水は生き延びることになったのです。

僅かに残っていた中国形而上学の達人達も文化大革命の時に欧米等に亡命を余儀なくされましたが、彼らによって、中国語の世界に封じ込められていた、この古くて新しいフライングスター風水術は、少しずつ欧米社会にも広がっていくことになりました。

「風水」とは？

　風水とは、簡単に言うと、住環境を整えることによって災いを避け、その人が本来持っている運を最大限に上げるための術策です。
　金運で言えば、生まれ持った金運は人それぞれですが、その人が持っている金運を最大限に引き上げるための方法です。

　この住環境には2つの種類があります。
　1つは目に見えるもので、土地や部屋の形、色、インテリアの一部である家具や窓から見える外の景色などもこの中に入ります。
　もう1つは目に見えない力です。方位磁石による方位等がこれに当たります。
　目に見えるものと見えないもののエネルギーの相互作用を利用して、その建物の住人の財運や健康運を最大限に上げる方策が風水術です。

フライングスター風水の特徴

　星空を観察していた古代中国人は、今述べた、目には見えないエネルギーの中に**「時間」**も入る、ということに気がつきました。時間の経過によって建物の中のエネルギーの吉凶、性質が変化することを発見したのです。ここが、フライングスター風水術と他の風水術を分ける決定的な違いです。

　繁盛していたお店が、ある年を境に急に寂れて気がついたら無くなっていた、というケースは、もしかしたらフライングスター風水術で説明できるかもしれません。

北斗七星に由来する9つの星

　フライングスター風水とは、9つの星（エネルギー）が建物の中にどのように分布しているのかを知り、吉星は強化し、凶星は弱める、という対策を取ることによって財運と健康運の強化を図る、という風水術です。

　この九つの星は、北斗七星に由来すると言われています。北斗七星（九星）は、北極星を中心として休むことなく回転し1年で一周します。この9つの星がそれぞれ建物内のどこに飛んでいるのかによって、財運や健康運などが決まってき

ます。

　9つの星にはそれぞれ名前がついているのですが、フライングスター風水ではそれらを1から9までの数字で表します。

水星と山星

　フライングスター風水術では、間取り図を東西南北、北東、北西、南東、南西、中心、と9つのエリアに区分し、それぞれのエリアにどのようなエネルギー（フライングスター）が分布しているのかをみていきます。

　各エリアには、それぞれ2つのエネルギー（フライングスター）が存在します。

　1つは金運に作用するエネルギーである金運スポットとも呼べる水星（みずぼし）。
　もう1つは健康運や人間関係の調和に作用するエネルギーである山星（やまぼし）です。

　水星と山星は環境と使い方によって、どちらかの星がそのエネルギーを発揮します。
　お店や会社が繁盛するかどうか、金運に恵まれる家かどうかは、吉運の水星がどこに飛んでいるのか、そしてどのような環境下にあるのか、で決まります。

このエネルギーマップを**フライングスターチャート**と言います。

建物内のエネルギーは20年ごとに変わる

前述したように、フライングスター風水と他の風水の大きな違いは、時間の経過を考慮に入れるという点にあります。星のエネルギーは20年ごとに変化します。

20年間を一単位として、これを**運**という単位で数えます。2017年は8運の時代です。

⋮

1運の時代　　１８６４年〜１８８３年
2運の時代　　１８８４年〜１９０３年
3運の時代　　１９０４年〜１９２３年
4運の時代　　１９２４年〜１９４３年
5運の時代　　１９４４年〜１９６３年
6運の時代　　１９６４年〜１９８３年
7運の時代　　１９８４年〜２００３年
8運の時代　　２００４年〜２０２３年
9運の時代　　２０２４年〜２０４３年
1運の時代　　２０４４年〜２０６３年

⋮

2044年以降、1運に戻ります。この20年×9（運）の180年間は、180年に一度、すべての太陽系の惑星が一直線に並ぶことに、また、20年間という区切りは、20年に一度、木星と土星が会合することに由来すると言われています。

　この20年ごとの区切り方は、紀元前2637年に始まり、現在まで続いています。

お金を運んでくる水星

　水星のすべてがお金を運んでくるわけではありません。
　どの運の時代にあっても9つの星の内、金運を運んでくる水星は3つ以内です。そして、その強度は一律ではありません。2004年から2023年までの8運の時代の各水星のエネルギーは強い順に、水星8、水星9、水星1です。
　その前の1984年から2003年までの7運の時代は、水星7、水星8、水星9の順でした。

　どの運の時も、上記以外の6つの水星には固有の性質があり、それぞれ好ましくないエネルギーをもたらします。
　それら6つの水星がもたらす影響と、その悪いエネルギーを抑えるための対策は第3章で説明します。

水星8がお金を運んでくるための条件

　現在最強の水星8ですが、ただそこにあるというだけで必ずその力を発揮するというわけではありません。

　水星は、玄関ドア、開放的なエリアや道路に面した窓、階段、エレベーター、エスカレーター、吹き抜け等、開放的で活動的な場所にある時、その効力を発揮します。**以上のエリアに吉運の水星がある時、その建物は金運に恵まれます。**

　水星8が以上のようなエリアにない場合は、室内噴水や振り子時計を置くことで、水星8に金運を強化する事ができます。観葉植物等のプラントも水星8を強化します。

　次章では、シンガポールのショッピングセンターやホテルで、実際にどのようにフライングスター風水が使われているのか見ていきます。

第2章
フライングスター
風水
＠シンガポール

キーナンバーは8、9、1

　2015年、シンガポール建国の立役者であるリー・クアンユー元首相が亡くなりました。

　1965年、マレー半島の先端にある小さな島がマレーシアからの独立を余儀なくされた時、この国は言語も宗教も異なる中国人、マレー人、インド人が住む貧しい新興国に過ぎませんでした。狭い国土には資源もなく、飲み水も外国から買わなければ賄えないこの国が21世紀を迎えた現在では、国民一人当たりのGDPが日本を超える豊かな国に変貌を遂げました。

　その原動力として、リー元首相の卓越した手腕や何かと批判もある強権的な統治手法があると言われていますが、華人実業家が経営するホテル、ショッピングモール、オフィス、自宅の一つひとつが、彼らのお抱えの風水コンサルタントが駆使する風水によって繁栄してきたことが、この国の経済を押し上げる力の一つになっていることは否定できないのではないかと思います。

　これからご覧いただく例はすべて商業施設ですので、金運を左右する水星だけをみていきます。

　水星8が最強なのは、2023年までで、その後、2024年からは水星9が、2044年からは水星1が最強星になります。

ご紹介するショッピングモールやホテルは、これらの吉星をエントランス、開放的な景色や海に面した窓、吹き抜け、エスカレーター、レストラン、プールなどがあるエリアに配することによって金運を確保しています。

スコッツスクエア（2010年〜）

スコッツスクエアは、2010年にオープンした3階建てのショッピングモールです。日本で言えば銀座4丁目にあたるオーチャードロードとスコッツロードの交差点から一つスコッツロード沿いに入ったところにあります。

フライングスターチャートは**8運の正面方位北西1**です。

チャートから、<u>水星</u>だけをみていきます。この建物の中を飛んでいる<u>水星</u>のチャートは次のとおりです。**(本書のフライングスターチャートは、すべて上が北方位となっています)**

スコッツスクエアの水星チャート

8運正面方位北西1

```
   N
 1   5   3
 2   9   7
 6   4   8
```

1階フロア
北 / 北東 / 東
エントランス 北西 1
スコッツロード
9 吹き抜け
8 南東 出入口
西 / 南西 / 南

2023年まで最強の水星8は建物の裏側にありますが、1階の水星8には裏口と、駐車場の出入り口があります。また、

3階の水星8は、そのままナツメグロードにつながっています。どちらも、建物の裏側ではありますが、出入り口として水星8による金運を活性化しています。

1階南東　駐車場出入り口
水星8（2004年〜2023年）

3階南東　水星8

© OpenStreetMap contributors

2024年から2043年までは、地下1階から3階まで、中央の広大な吹き抜けに飛んでいる水星9が金運を活発にします。

　　　中央吹き抜け　水星9（2024年～2043年）

　　　　　春節の飾り付けです

　そして2044年から2063年までは、エントランスの水星1の出番というわけです。

　　　エントランス北西　水星1（2044年～2063年）

2010年のオープン当初はいつ行っても静かな雰囲気でしたが、2016年に久しぶりに春節のシーズンに行ってみたところ、すっかり賑やかな雰囲気に変わっていました。

　9運の2024年以降は、ますます多くのお客さんで賑わうのではないかと思います。

★ アイオン（ION、2009年〜）

　オーチャードロードとスコッツロードの交差点の角に巨大なショッピングモール、アイオン（ION）があります。一枚の写真にはとても収まり切らないほど巨大な建物です。

　フライングスター風水のテキストにぜひ詳細に載せたいと思うほど、その奥義が駆使されていますが、本書では、金運を呼び込む水星の基本的な使い方に絞ってお伝えします。

　この建物のフライングスターチャートは**8運の正面方位北東1**です。水星だけを抜き出した水星チャートは、次のとおりです。

アイオンの水星チャート
8運正面方位北東1

　この巨大ショッピングモールの主要な出入り口は、現在最強の水星8（北東）と、遠い将来ではありますが、2044年から2063年までの間最強となる水星1のエリア（北西）にあります。

　2024年から20年間の繁栄を約束する水星9はオーチャードロードから見て正面に位置しない西にあります。エントランスは控えめですが、このモール内で最も多くの人で賑わうフードコート（さまざまな料理を提供する屋台が並ぶ大食堂）と、地下4階から1階までをエスカレーターで一気に活性化しています。

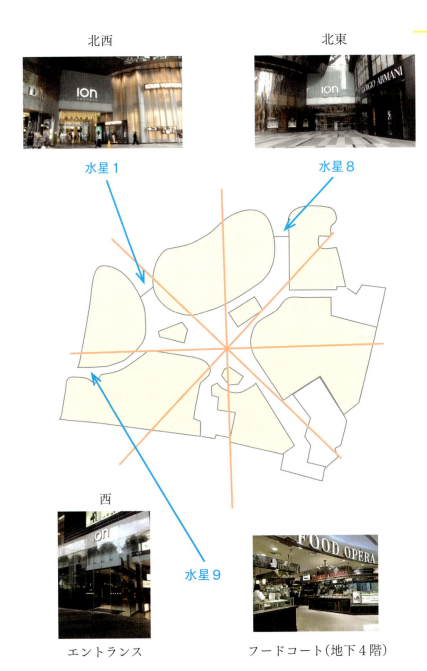

第2章 フライングスター風水＠シンガポール

水星9　1階から地下4階までのエスカレーター
見えているフロアは地下4階フードコートです。

周到に計算されたフライングスター風水のご利益か、いつ行っても賑やかで居心地の良いショッピングモールです。

★ マリーナベイサンズ（2010年〜）

　この巨大な統合型リゾート施設は、今回ご紹介する商業施設の中で、唯一、風水コンサルタントの名前が明らかになっています。

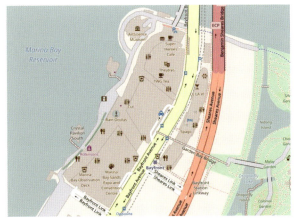

© OpenStreetMap contributors

　シンガポールの情報収集サイト Asia One によると、多くのカジノを経営するラスベガスサンズ社の依頼により、デザインはモシェ・サフディ氏が行い、風水アドバイザー、チョン・スワン・レック師の意見を取り入れて現在の形になった、とあります。師は完成前の 2008 年に亡くなり、その後を弟子のルイザ・オン・リー師が引き継ぎました。

　オン・リー師によれば、3 つに分かれているホテルは、シンガポールを守る 3 人のガーディアンが立っている様子を表し、プールがある屋上階は彼らがかぶっている帽子だそうです。カジノがあるコンベンションセンターは、富を象徴する 3 枚のコインを表しているそうです。確かに、上から見ると 3 枚のコインを重ねて置いてあるようにも見えます。

　以上は「目に見える」風水ですが、もちろん、「目に見えないエネルギー」によるフライングスター風水も施してあります。

ルイザ・オン・リー師　　　故チョン・スワン・レック師

　まず、**コンベンションセンター**の水星チャートをみてみましょう。

コンベンションセンターの水星チャート
8運正面方位南東1

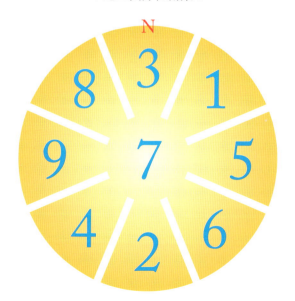

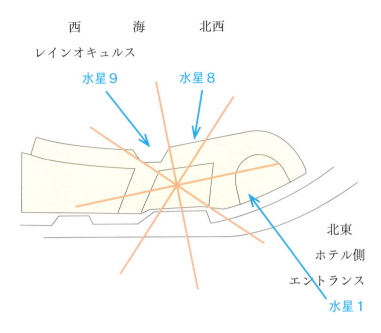

北西水星8と西水星9のエリア

西　レインオキュルス

巨大逆噴水が水星9をサポートしています

水星9 地下1階

地上1階から見たレインオキュルス

水星８、水星９の前に広がる海
対岸はビジネス・金融街

水星１　ホテル側エントランス

　次に、**マリーナベイサンズホテル**を見てみましょう。
　チョン・スワン・レック師はラスベガスサンズ社に対して、ホテルの建物にカーブをつけることを要請したそうですが、これは建物を刃物のような形状にして周囲に殺気を与えないようにということと、このホテルの正面方位をはっきりさせるためだったのではないかと思います。

マリーナベイサンズホテルの水星チャート
8運正面方位北西1

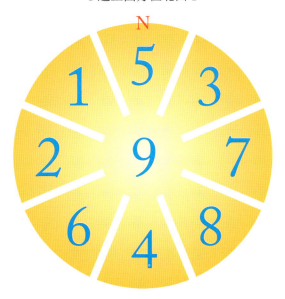

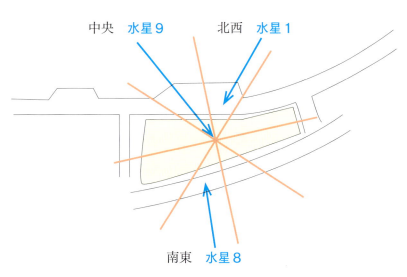

南東　水星8

ガーデンベイと海

（海のエネルギーが2023年までの金運を強化しています）

屋上ガーデンから見た水星8の風景

中央　水星9

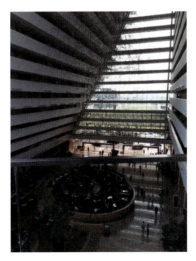

吹き抜けが2024年から2043年までの金運をもたらします。

建物内の吹き抜けだけでなく、外観でも中央に空間を設けて中央の水星9を強化しています。

　風水を担当したオン・リー師は3人のガーディアンが立っている様子を表している、と説明していますが、フライングスター風水の理論にも適った設計となっています。

屋上階のプール
ホテルのちょうど中央、水星9の位置にあります。

水星 1　北西

（2044 年から 2063 年までの金運を担当します）

コンベンションセンターへの地下通路出入り口。エスカレーターとエレベーターが設置されています。

通路口の両側にはご覧のような人工池があります。水が絶え間なく屋内側に溢れ落ちるデザインによって水星 1 を活性化しています。

シャングリラホテル（1971年～）

　これまで、比較的新しい8運の建物を見てきましたが、このシャングリラホテルは、1971年創業以来、シンガポールの迎賓館とも言える役割を果たしてきた老舗ホテルの一つです。

　各国大使館主催のナショナルデーのレセプションや世界各国の要人も出席するシャングリラダイアローグなど、国際会議等にもよく利用されています。

　緑が多い静かな環境の中にあり、金融街や海に近接して賑やかな雰囲気のマリーナベイサンズとは対照的なホテルです。マレーシア出身のクォック財閥によるシャングリラホテルズ＆リゾーツの第1号店です。

真偽のほどはわかりませんが、一代で巨万の富を築いたロバート・クォックの御母堂が、毎年春節前になると風水師と共にホテル内を見回っていた、という話が伝わっています。

シャングリラホテルの水星チャート
6運正面方位南西2−3

　広大な敷地を最大限に利用して建てられていることがわかります。

6運（創業〜 1983 年）→正面玄関の水星6

7運（1984 年〜 2003 年）→プールの水星7

8運（2004 年〜 2023 年）→ボールルームのエントランスの水星8

9運（2024 年〜 2043 年）→タワーウイングのガーデンサイ

ドの水星9

１運（2044 年〜 2063 年）→滝がある池の水星1

　地図で見ると、ヴァレーウイングがタワーウイングの見晴らしを妨げているように見えますが、実際には二つの建物の間にはかなりの距離がとられていて、ヴァレーウイングが少し低い土地に建っているため、タワーウイングの北側は大変見晴らしの良い設計になっています。

　　北　　水星7（1984 年〜 2004 年）

© OpenStreetMap contributors

南西　水星6（1964年〜1983年）

正面エントランス

南　水星8（2004年〜2023年）

毎晩のようにレセプションが催される
ボールルームのエントランス

北東　水星9（2024年〜2043年）

西　水星1（2044年〜2063年）

番外編:フライングスター風水からみた日本の伊勢丹新宿店(1933年〜)

　最後に日本の建物を。2016年度百貨店売上げ日本一だったデパートのフライングスターチャートを調べてみました。

　創業1933年とある通り、戦前からこの場所に建っている新宿の老舗デパートの一つです。建物自体、東京都の歴史的建造物に指定されています。

　フライングスター風水のバイブルである「沈氏玄空学」拡大版が出版された年と同じ年に竣工しています。中国人が読んでも難解と言われるこの本を、当時の設計者が読んでいたとは考えにくいのですが、そうであっても不思議ではないほど、金運に恵まれた建物です。

　戦前から営業を続けるこのデパートの繁栄は、歴代社長の方々の経営手腕の賜物と思いますが、建物からのサポートも否定できない気がします。

4運の建物で、正面方位は、正面玄関がある新宿通り側の南西1です。

　1961年刊行の「伊勢丹75年の歩み」によれば、創業間もない1935年に隣接していた建物を買い取って拡張し、1957年、西側に土地を取得して増築したとあります。現在の姿となった1957年以降の風水をみていきます。

© OpenStreetMap contributors

新宿伊勢丹の水星チャート
4運南西1

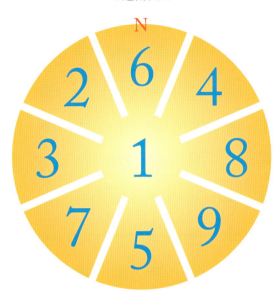

5運の1957年（増築完成年）から1963年まで
→水星5が明治通りと新宿通りの交差点に面しており、金運を活性化しています。

6運の1964年から1983年まで
→北側の水星6は新宿通りや明治通りとは違って細い道路に面しているのですが、1968年、丸物ビルを買い取って伊勢丹メンズ館を建てて本館とつなげたことにより、靖国通りのエネルギーを取り込んでいます。

7運の1984年から2003年まで

→正面玄関があり、新宿通り（南西）に面している水星７が金運を活発にしています。

８運
→明治通り（東）に面している出入り口が水星８を活性化し、金運を活発にしています。

2024年から20年間最強となる水星９も、明治通り（南東）に面している入り口によって活性化され、金運を活発にしています。

第3章
フライングスター
チャートを
調べる

第2章では、ショッピングモールやホテルを例に、フライングスター風水が実際にどのように使われているのか解説しましたが、私達のオフィス、ショップ、自宅も全く同じようにフライングスター風水術で金運を上げることができます。

　早速、ご自宅やオフィス、ショップのどこに旬な水星が飛んでいるのか調べてみましょう。

　そのためにはまず、フロアプラン上のエネルギーマップとも言うべきフライングスターチャートを特定しなければなりません。
　本書では6運から8運までの建物のフライングスターチャートを巻末に載せましたので、この中から該当するチャートをお選びください。

★ フライングスターチャートを特定する手順

　フライングスターチャートを特定して、どこにどのような星が飛んでいるのかを調べる手順は次の通りです。

必要なもの

・度数付きの方位磁石、またはスマートフォンの方位磁石アプリ、または地図
・できるだけ正確なフロアプラン（間取り図）
・筆記用具、三角定規
・巻末の「方位シート」

1、建物の運を調べます。

建物が建った後、**初めて人がその建物内で活動を始めた年**が年運表の何運に当たるか調べます。

6運　　1964年〜1983年
7運　　1984年〜2003年
8運　　2004年〜2023年

2、建物の正面方位を特定します。

風水鑑定の際、この作業に最も神経を使います。

正面方位を間違うと、フライングスターチャートも間違ったチャートとなり、鑑定自体が壊滅的な結果に終わりかねないからです。もちろん、簡単に特定できる場合もあるのですが、判断が難しいケースもあります。

正面方位が建物のどの面なのかを判断する際、次の2点がポイントとなります。

1、建物を建てた人が、どの面をその建物の正面としてデザインしたのか。

2、建物がどこから気(エネルギー)を取り込んでいるのか。気を取り込む面として、以下のような条件を挙げることができます。
- エントランスがある
- オープンスペースや道路に面している
- 窓が多い
- 見晴らしの良いバルコニーやテラス等がある

建物のエントランスがある面が家の顔としてデザインされている、エントランスの前に庭等のオープンスペースがある、両隣と背後に隙間なく他の建物が建っていてエントランスがある面が道路に面している、といった条件が揃っていれば、エントランスがある面が正面方位であると特定することができます。

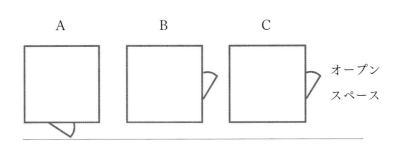

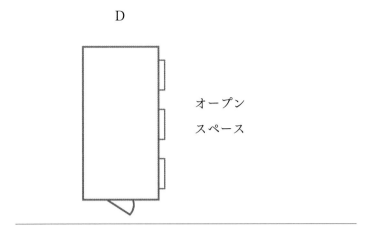

建物Ａの正面方位は道路側と考えられます。

建物Ｂの場合、道路側に小さい窓しかなく（気の取り込み口がなく）、玄関側の側面が建物の顔としてデザインされている場合は玄関側、道路側に窓が多く、バルコニーなどがあって、建物の顔としてデザインされていると考えられる場合は道路側が正面方位と考えられます。

ＣとＤの場合は、道路の幅や交通量、オープンスペースの広さ、建物のデザイン（建物の顔として考えられる面）によ

って、どちらが正面方位と即断できない場合があります。

　交差点の角に立っている建物の場合は、交通量が多く、広い通りに面していて、正面玄関がある側が正面方位(シンガポールのIONのケース)と考えられます。
　新宿伊勢丹の場合、正面方位は明治通り側なのか、新宿通り側なのか判断に迷います。
　このような場合は、正面玄関があり、住所となっている新宿通り側が正面方位と考えられます。

　第2章で取り上げたマリーナベイサンズとコンベンションセンターは、正面方位の特定が非常に難しいケースです。
　目に見える風水については雄弁なオン・リー師も、フライングスター風水について公には全く触れていません。
　専門的な話になるので詳しい解説は別の機会に譲りますが、本書では2014年、筆者の恩師である香港の風水グランドマスター、レイモンド・ロー師による実地演習に基づいて正面方位を特定しました。
　判断に迷う場合のチャートの決め方について、詳しくは第4章で述べます。

3、正面が決まりましたら、その方位を測ります。

　建物の正面に建物の方を向いて建物と平行に立ち、度数が書いてある方位磁石を腰のあたりで地面と平行に持ちます。建物側ではなく、自分の方を指している方位が正面方位です。

　または、スマートフォンのアプリで同じように測ります。建物の正面を指した度数の180度反対側の度数が正面方位です。

方位磁石もスマートフォンも（羅盤も）、周囲の磁気の影響を受けます。建物に近過ぎる場所は特に磁気の影響が強いので、できるだけ建物から離れた場所で、周囲に自動車や鉄柱等がないことを確かめてから建物を真正面から見える場所で測ります。

4、方位磁石またはスマートフォンで測った正面方位の度数を、方位シート上で探します。
　その度数が入っている方位が建物の正面方位です。
　　　（例：180度なら正面方位南2）

※各方位は45度ずつ8方位に分かれます。一つの方位は15度ずつに3等分しますが、2と3は同じチャートになるため、一つの方位について二つのフライングスターチャートが存在することになります。従って、一つの運（20年間）につき、2通り×8方位で、16通りのフライングスターチャートがあるということになります。（巻末参照）

5、巻末のフライングスターチャート表（6運、7運、8運）の中から該当するチャートを選びます。

6、間取り図の中心点を特定します。

・中心点の取り方
　２本の対角線を引いて、交わった点が中心点となります。

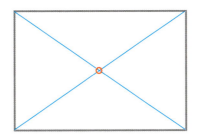

　欠けている部分の長さが、１辺の２分の１以下の場合は、欠けはないものとして線を延長して四角形と見なし、対角線を引きます。

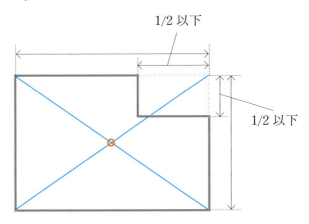

出っ張りの部分の長さが、1辺の2分の1以下の長さの場合は、出っ張り部分を省いた四角形と見なし、対角線を引きます。

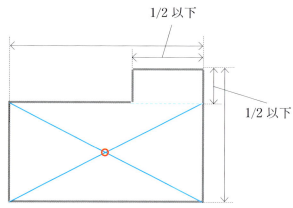

　L字型の建物の場合は、正面方位側の四角の中心点を、建物全体の中心点として8方位に分けます。

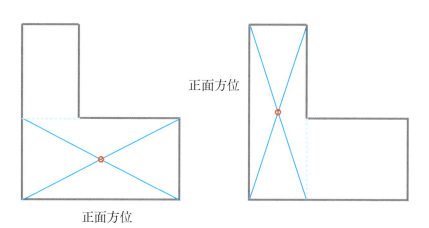

コの字型の建物は、図のように全体を四角形とみて対角線を引き、交わった点を中心点とします。

※バルコニーは省きます。

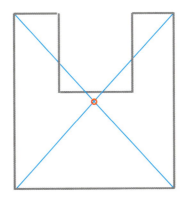

　下図のように、1辺が斜めの建物は、図のように斜めの線の2分の1の点を通る線を引いて建物を四角形にした上で対角線を引き、中心点を求めます。

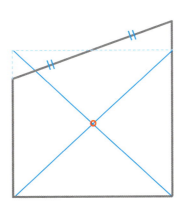

フロアプランに水星、山星を書き入れる

　例として、7運正面方位東2-3（90度）の建物のフロアプランに水星・山星を書き入れていきます。

1、フロアプラン（間取り図）の中心点に印を付けます。

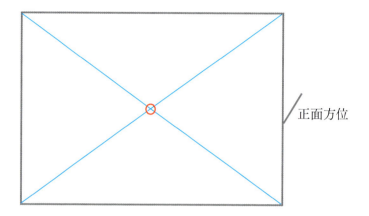

2、三角定規を使って中心点から正面方位に直角に線を下ろします。

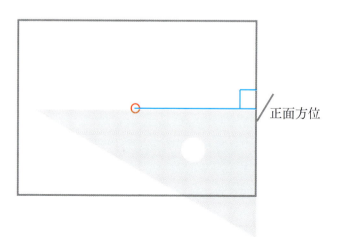

3、巻末「方位シート」の中心点とフロアプランの中心点を重ね、2で引いた線の正面方位の方向に方位シートの「90度」を合わせて置きます。

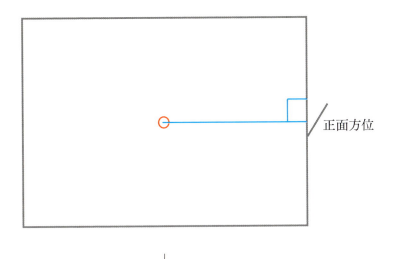

↓

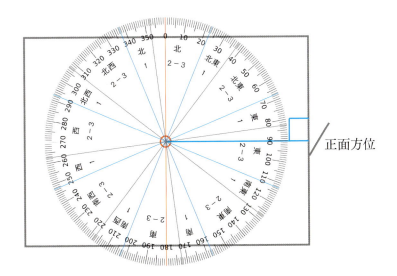

4、「方位シート」が動かないように注意しながら、8方位に印を付けます。

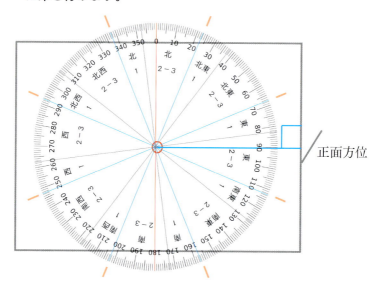

5、「方位シート」をはずして点と点を結び、8方位に分けます。

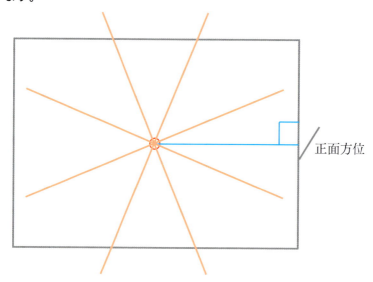

6、方位を書き入れます。

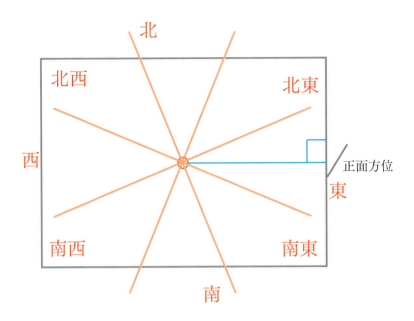

7、7運の建物なので、「7運正面方位東2－3」のフライングスターチャート（巻末）を確認します。

8、フライングスターチャートを参照しながら、水星・山星を書き入れていきます。

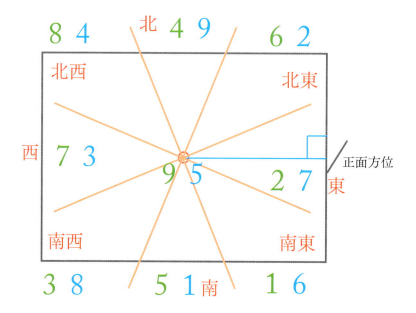

このようにして、**この建物のエントランスには水星7が飛んでいる**ということがわかります。

方位磁石やスマートフォンでの測り方は、磁気の影響を受けやすく、正確な方位が測れない場合があります。特に、街中では磁気の影響を受けない場所はほとんど見つからないのが実情です。

そこで、地図を使って正面方位を測る方法を説明します。

地図から正面方位を導き出す方法

　建物がはっきりわかる地図を用意します。伊勢丹新宿店を例に説明します。フライングスター風水では磁北を北とするため、地図の北（真北）を磁北に修正しなければなりません。日本では磁北は真北より西に傾いています。傾きは北海道周辺では約9度、東京周辺では約7度、西日本周辺では約6度です。（資料　国土地理院　磁気図）シンガポール等赤道付近では偏角はほぼ0度です。

1、先ず、建物の中心点に印をつけます。
①中心点を起点に正面方位線を書いておきます。

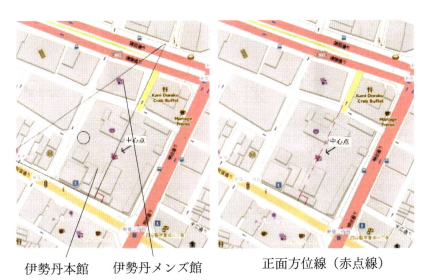

伊勢丹本館　　伊勢丹メンズ館　　　　正面方位線（赤点線）
© OpenStreetMap contributors

２、地図上に磁北線を引きます。

②分度器を使って、真北線を引きます。

③90度から西に7度の場所に印を付けます。

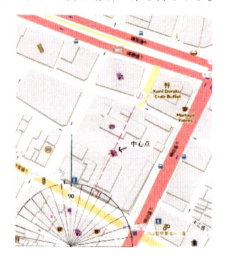

④③で付けた印と真北線②の出発点と線を結び、その線を延長します。（この線が磁北線となります）

⑤三角定規を二つ使って、磁北線を中心点まで平行に移動します。

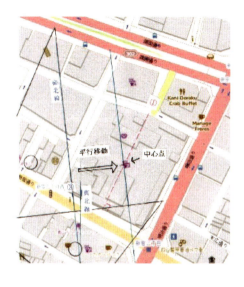

↓

3、磁北線と方位シートを重ねて8方位に分けます。

⑥シートの中心点と南北線を建物の中心点と磁北線にそれぞれ重ねます。①で引いた正面方位線が入っている方位が正面方位です。この場合、南西1です。

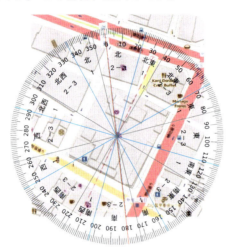

⑦8方位の境界線にそれぞれ印を付けます。

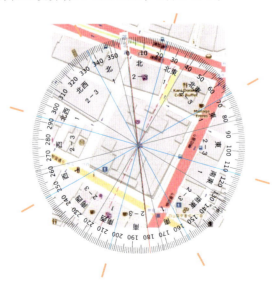

⑧シートをはずし、⑦でつけた印と中心点をそれぞれ結びます。

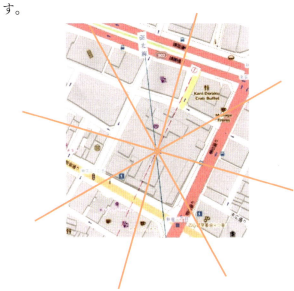

⑨水星チャートの数字を書き入れます。

⭐店舗、オフィスがビル内にある場合の フライングスターチャート

①店舗、オフィスが入っている建物全体のフライングスターチャートを、ここまでご説明した手順に従って特定します。

②建物のフライングスターチャートを、店舗やオフィスのフロアプランに当てはめて八方位に分け、水星、山星がどこに飛んでいるのかをみていきます。

　例えば、シンガポールのアイオン内にあるカフェであれば、アイオンのフライングスターチャートをカフェのフロアプランに当てはめます。

※ビルのテナントでありながら、独立した出入り口がビルのエントランスとは別にあるオフィスや店舗の場合、フライングスターチャートは、ビルの正面方位ではなく、店舗やオフィスの正面方位を基にしたチャートとなります。

⭐自宅がマンションの場合の フライングスターチャート

①マンション自体のフライングスターチャートを、これまで

ご説明した手順に従って特定します。

②ご自宅のフロアプランに、マンションのフライングスターチャートを当てはめて八方位に分け、水星、山星がどこに飛んでいるのかをみていきます。

第4章
オフィス、ショップ、
自宅の金運を
上げる方法

フライグスターチャートが決まれば、あとはとても簡単です。フライングスターチャートから水星チャートを作って、フロアプランの各方位に水星を書き入れていきます。

水星8がある方位に何があるか

オフィス、ショップの場合
　水星8がある方位が……
・エントランス、開放的な景色に面した窓、階段、吹き抜けがあるエリアだった
　→金運は最高です。後述する「水星を強化するアイテム」を使って、さらに金運を上げることができます。
・倉庫など普段使わない部屋だった
　→金運をもたらす水星8は眠っている状態です。ここに振り子時計やコピー機やパソコン、電話等を置いて金運を上げましょう。観葉植物、室内噴水、電池で動く人形なども水星8の働きを高めてくれます。
・トイレ、洗面所の場所だった
　→このままでは金運に恵まれにくいでしょう。水星8があるエリア内に、振り子時計を設置して金運を高めましょう。
・中央だった
　→このままでは金運に恵まれにくいでしょう。可能であれば振り子時計を設置します。そのようなスペースがない

場合は、水星9のエリアに振り子時計等を置いて金運を活性化します。

自宅の場合

　水星8がある方位が……
- エントランス、リビング、ダイニング、階段、吹き抜けがあるエリアだった
　→金運は最高です。後述する「水星を強化するアイテム」を使って、さらに金運を上げることができます。
- キッチンだった
　→頻繁にお料理をすることによって金運が上がります。さらに金運を高めるためには後述の「水星8を強化するアイテム」を使います。
- バス、トイレだった
　→このままでは金運に恵まれにくいでしょう。水星8があるエリア内に後述の「水星を強化するアイテム」の中から、置ける物を置いてください。（振り子時計が一番簡単で効果的ではないかと思います）
- 寝室だった
　→このままでは金運に恵まれにくいでしょう。振り子時計を置くと安眠に妨げになる場合もありますので、ソーラー電池で動く人形等を置いて昼間、水星8を活性化してください。
- 中央だった
　→このままでは金運に恵まれにくいでしょう。スペースが

あれば振り子時計を設置します。そのような場所がない場合は、水星9のエリアに振り子時計等を置いて金運を活性化します。

水星8を強化するアイテム、ラッキーカラーとNGカラー

・壁掛け型の振り子時計

・置き型の振り子時計

※壁掛け型、置き型、どちらでも効果は同じです。

・室内噴水

・ソーラー電池で揺れる花のおもちゃ

・電池で揺れ続けるおもちゃ

・観葉植物

・ラッキーカラー
　　赤系（ピンク、オレンジ、紫）、緑、青、茶系、黄色

・NGカラー
　　白、黒、グレー、ゴールド、シルバー

水星2～水星7とその対策

水星8、水星9、水星1以外の水星2～水星7が以下の場所にあるとき、どのような影響をもたらす可能性があるのか、またその対策について説明します。

オフィス、ショップの場合
　→エントランス、階段、エレベーター、窓があるエリア、
　　キッチン（カフェ、レストラン）

自宅の場合
　→玄関、リビング、ダイニング、キッチン、階段

水星2の影響、対策アイテムとラッキーカラーとNGカラー
　病気をもたらす可能性があります。

・対策アイテム

　金属製のコインを6枚、そのエリアに置きます。10円玉、5円玉、外国硬貨、円形のメタルシートなど、金属であれば色や素材は何でもOKです。外から見える必要はないので、エントランスでしたら、玄関マットの下に置いても結構です。

ドアノブや窓のカーテンフックに掛けられる六帝古銭という風水グッズもあります。

・ラッキーカラー

　白、黒、グレー、ゴールド、シルバー

・NG カラー

　赤系（赤、ピンク、オレンジ、紫）、黄色、茶系、青、緑

水星３の影響、対策アイテムと NG カラー

　喧嘩や揉め事、泥棒などを招いてしまう可能性があります。

※ただし、この水星３がキッチンにある場合は、そのようなご心配はいりません。対策も不要です。

・対策アイテム

　赤い色の紙やラグ、マット、赤い陶器。ピンク、オレンジ、紫も可。

ラグ	プレースマット	クロス	陶器

・NG カラー

　黒、緑、青、白、グレー、ゴールド、シルバー

※赤い花、植物の絵も NG です。

水星4の影響、対策アイテムと NG カラー

　男女関係のトラブルを招く可能性があります。

※ただし、この水星4がキッチンにある場合は、そのようなご心配はいりません。対策も不要です。

・対策アイテム

　水星3の対策と同じです。赤い色の紙やラグ、マット、赤い陶器。ピンク、オレンジ、紫も可。

　・NG カラー

　黒、緑、青、白、グレー、ゴールド、シルバー

※赤い花、植物の絵も NG です。

水星5の影響と対策アイテム、ラッキーカラーと NG カラー

　不運や災難を招く可能性のある大凶星です。

・対策アイテム

　金属と金属がぶつかり合って音を出すタイプの風鈴、ドアチャイムなどを設置して、ドアや窓の開閉や引き出しの開け閉めのたびに鳴らします。ガラス瓶に入れた塩水も対策となります。

カウベル   南部鉄の風鈴

ミステイックノット付き
ウィンドチャイム（風鈴）

銅風鈴という風水グッズ

ガラス瓶に入れた塩水

- ラッキーカラー

  白、黒、グレー、ゴールド、シルバー
- NGカラー

  赤系統（赤、ピンク、オレンジ、紫）、黄色、茶系、青、緑

水星6の影響と対策アイテム、ラッキーカラーとNGカラー

法律問題を招く可能性があります。

- 対策アイテム

水だけで育つ植物を3本か4本置いてください。代表的な植物はミリオンバンブーですが、他の水生植物でも結構です。枯れたらすぐに交換してください。ガラス瓶に入れたお酢でも結構です。

- ラッキーカラー

  青、緑、黒、グレー
- NGカラー

  白、赤系統（赤、ピンク、オレンジ、紫）、黄色、茶系、ゴールド、シルバー

水星7の影響と対策アイテム、ラッキーカラーとNGカラー

法律問題や舌禍、スキャンダル等を招く可能性があります。

- 対策アイテム

水星6と同じです、水だけで育つ植物を3本か4本置いてください。代表的な植物はミリオンバンブーです。他の植物

でも結構ですが、枯れたらすぐに交換してください。ガラス瓶に入れたお酢でも結構です。

・ラッキーカラー

　青、緑、黒、グレー

・NGカラー

　白、赤系統（赤、ピンク、オレンジ、紫）、黄色、茶系、ゴールド、シルバー

※水星６、水星７の対策で使うミリオンバンブー等水生植物の「３本か４本」という数は、五行の理論にもとづいています。多めに購入した場合、余ったミリオンバンブーは後述する年運星対策にも使うことができます。

水星２〜水星７がバス、トイレ、倉庫など長時間使用しないエリアにある場合

　対策は不要です。凶星がトイレにあるからといって、悪い気が屋内に充満するなどということはありません。

　吉星は３つしかないので、凶星がトイレや倉庫など、長時間過ごす場所ではないエリアにあるというのはむしろラッキーなことです。

キッチンに適した水星

　キッチンに適しているのは、水星３、水星４、水星１、水星９、水星８です。

　これ以外の水星がキッチンがある場合は、それぞれ上記の対策が必要です。

どのチャートに該当するかよくわからない場合

　正面方位がどこかはっきりしない、正面方位が異なる方位との境界線ギリギリにあってはっきりしない、などどのチャートを当てはめればよいのか、迷うこともあると思います。プロでも判断が難しい場合があります。

　そのような場合には、考えられる正面方位のチャートを幾つか作ってみて、それぞれどこに水星８があるか確認します。それぞれの水星８の場所にひと月ほど振り子時計を置いてみて、金運に変化があるかどうか注意深く観察し、どこに置いたときがよりラッキーだったかによって、決めることができます。（ただし、第５章で解説する年運星５がその年その方位に来ている場合、この方法は取れませんのでご注意ください）

　また、水星５の方位から判断する確認方法もあります。

　もし、エアコンやテレビなどがよく故障するという場所に水星５があるチャートがあったら、そのチャートが正しい可能性があります。また、よく眠れない寝室の方位に山星５があるチャートも正しい可能性があります。

山星の効果とその効果を発揮する場所

　本書では、金運を左右する水星を中心に解説していますが、簡単に山星の使い方にも触れておきます。

　開放的で活動的な環境にあって金運をもたらす水星とは対照的に、山星は静かで閉鎖的な場所で、健康運、人間関係運などを左右するエネルギーを発揮します。

　2023年までは、水星と同じように山星8が最強で、山星9、山星1と続きます。2024年からは山星9が最強となります。

・自宅
　良い山星がある部屋で寝ると安眠できます。体全体が良い山星の方位に入らない場合は、頭だけそのエリアに入れて寝ても同じ効果が得られます。

・ショップ
　吉星の山星があるエリアにレジを置きます。レジに立った時、吉星の水星が見える位置に置くと理想的です。（後出ケーススタディのカフェ参照）

・オフィス
　社長や責任者が山星8のエリアのお部屋やデスクを使うと

地位にふさわしい存在感が備わります。
※吉星以外の山星がある寝室や、レジがある方位、社長室などの山星が山星2〜7の場合の対策は、水星2〜7の対策と同じです。

・神棚など祭壇
　レジの置き方と同じように、吉星の山星の位置に、吉星の水星がある方位に向けて置きます。祭壇は、壁を背にして置きます。（窓を背にして置くのはNG）

ベッドとデスクの位置

　風水とは目に見えるエネルギーと目に見えないエネルギーの相互作用を利用して住人の健康と繁栄を図る術ですが、フライングスター風水は後者のエネルギーです。
　ここでは、目に見えるエネルギーである、寝室でのベッドの位置、オフィスでのデスクの位置を説明します。

理想的なベッドの位置
　ベッドレストは壁につける。
　ドアと対角線上の、ドアが視界に入る位置。
・注意点
　寝ている姿が見える位置に鏡を置かないようにします。
　鏡が動かせない場合は、夜だけ、寝姿が映らないように布

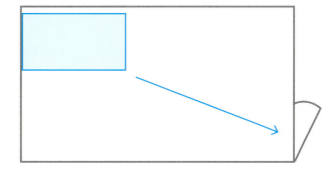

等を掛けます。

理想的なデスクの位置

　1辺を壁につける。

　背中側に壁がある。

　ドアと対角線上にある。（ドアが視界に入る位置）

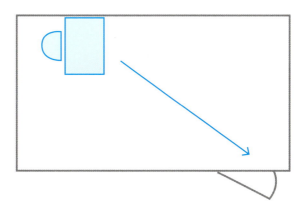

山星と理想の配置、どちらを優先させるか

　ベッドやデスクを理想的な位置に置くと、その場所の山星が良くない、ということがあります。目に見えるエネルギーと見えないエネルギーのどちらを優先するかは悩ましい問題です。そこでお休みになる方が寝心地が良いと思う位置にベッドを置いて、その方位の山星の対策をされることをお勧めします。（例、山星３だったら寝具に赤系統の色を使う、赤い陶器を置く、等）

第5章
年運星とその対策

年運星———
年ごとに場所を変えて飛んで来る星

　ここまで、フライングスターチャートの特定方法とその見方についてお話ししましたが、第3章の「建物を8方位に分ける」という作業だけで、フライングスターチャートを特定しなくてもできる風水対策があります。
　簡単な鑑定法ですが、非常に重要で、この対策をするだけでも、災いを最小限に留めることが可能です。

　建物の中には、フライングスターチャートに示された水星、山星とは別に、9つの星が毎年居場所を移動しながら飛んでいます。
　この星のことを、年運星と呼びます。

　この星は、エントランスの水星にも、寝室の山星にも、同じように影響します。エントランスの水星が水星8の建物であっても、凶星の年運星がその方位に飛んでくる年は要注意です。

　年運星は9つありますが、対策が必要となる年運星は以下の通りです。

年運星2	病気
年運星3	喧嘩、紛争、泥棒
年運星5	不運、災難　最凶星
年運星7	法律問題、スキャンダル、舌禍

※年運星4と年運星6はそれほど凶悪な星ではないので毎年の対策は不要です。

※中央に来る年運星ですが、家の中央に階段や長時間過ごす部屋がある場合を除いて、対策は不要です。

※年運星は、立春から翌年の立春前日まで、1年ごとに移動しながら各建物に飛来します。

不運、災難を呼ぶ危険がある年運星5の対策

　9つの星の中でも最も注意が必要な年運星です。

　たとえ水星8山星8がある場所でも、その年、エントランスやデスク、レジ、寝室など、重要なエリアに年運星5が来る年は要注意です。

　エントランス以外の場所で、水星8の方位を振り子時計や室内噴水、観葉植物等で気を活性化している場合、その方位に年運星5が来る年は、それらを撤去します。

対策は、そのエリアのドアノブ等に、金属製の風鈴を掛けて、時々鳴らすことです。金属と金属がぶつかり合って音をだすものであれば、南部鉄の風鈴でも何でもOKです。

　この年運星が来る場所に、エントランス、デスク、レジ、リビング、寝室がある場合は、1年間、金属製の風鈴を掛けてください。

　また、そのエリアに1年間、お勧めする色は、白、黒、グレー、ゴールド、シルバーです。

　以下の対策は、第4章で解説したものと同じです。

病気を招く危険がある年運星2の対策

　金属製のコインを6枚、そのエリアに置きます。外から見える必要はないので、カーペットの下に置いても結構です。

喧嘩や泥棒を招く危険がある 年運星3の対策

　そのエリアに赤い色の紙を置いてください。赤いラグ、カーテン、赤い色の陶器の小物でも結構です。

法律問題、スキャンダルを招く危険がある 年運星7の対策

　水だけで育つ植物を3本か4本置いてください。代表的な植物はミリオンバンブーですが、水だけで栽培できるものであれば、他の植物でも結構です。

　枯れたらすぐに交換してください。ガラス瓶に入れたお酢も有効です。

※年運星5が来るエリア以外は、建物本来の風水対策を撤去する必要はありません。例えば、水星7のエントランスにミリオンバンブーを置いてある場合、そこに年運星3が来る年は、ミリオンバンブーはそのままにして、年運星3の対策（赤い陶器を置く等）をしてください。

年運星（2017年立春〜2026年立春前日）

2026立春〜27年立春前日は2017年立春〜18年立春前日と同じです（以降繰り返し）。

第6章
ケーススタディ

★ショッピングモールの中にあるカフェ（8運正面方位南東3）

　2007年築で、正面方位が南東3のショッピングモールの2階にあるカフェのフライングスターを調べてみましょう。

　ショッピングモール内のお店のフライングスターチャートは、ショッピングモール全体のフライングスターチャートをそのまま当てはめますので、まずショッピングモールのフライングスターチャートを特定します。

**8運、正面方位が南東3の
ショッピングモールのフロアプラン**

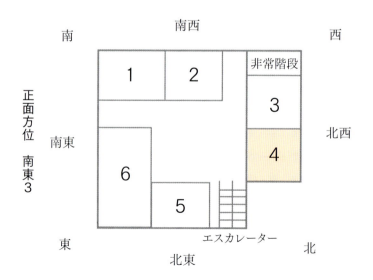

ワンフロアに6つの店舗が入っています。4の場所でカフェを営業する場合のケースを説明します。

フライングスターチャート

8運正面方位南東3

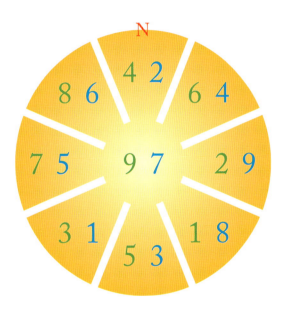

ショッピングモールの正面方位は南東ですので、カフェの南東方位に中心から直角に線を下ろし、第3章で述べた手順通りに8方位を区切ります。

8運、正面方位が南東3の カフェのフロアプラン

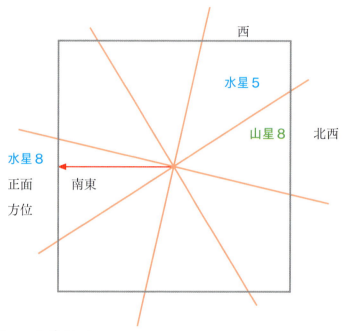

チェックポイント

　まず、最強の金運スポット水星8とレジを置く場所をチェックします。山星8の方位を確認し、フロアプランに書き入れます。レジは、吉星の山星の方位に吉星の水星がある方位に向けて置きます。

　また、静かな場所にしておいた方が良い水星5がある方位を確認します。なおキッチンに良い水星は、水星1、水星3、水星4、水星8、水星9です、

・8運の今最強の水星8がある南東にカフェのエントランスを設けると、最強の金運に恵まれます。エントランス付近

の水星8のエリアに振り子時計、観葉植物、室内噴水等を置いて金運をさらに強化することもできます。
・東方位は水星9で今も吉星ですが、2024年以降20年間、最強の水星となります。この方位に振り子時計、室内噴水、観葉植物、オーディオなど（違和感のないアイテムをピックアップして）を置くと2043年まで金運を活発にしてくれます。
・レジは山星8がある北西に、水星8がある南東に向けて置きます。（水星8は、レジに立った時に視界に入る方位にあれば、必ずしも真正面になくても大丈夫です）
・水星5がある西は、背の高い棚等を置いて、静かな場所にしておきます。金属製の風鈴を掛けて時々鳴らします。
・キッチンは水星3がある南か、水星4がある北東、水星1がある南西に設置します。

　このように、ショッピングモール全体のフライングスターチャートを各店舗に当てはめていきます。

①店舗2と5の場合は、水星8がある南東方位にエントランスを設けることができないということがわかります。その場合は、それぞれの南東の方位に振り子時計やオーディオ、室内噴水等を置いて、水星8を活性化させます。
②店舗1と店舗6は、それぞれ南東の窓の水星8が金運を運んでくれます。できれば南東に窓を大きくとって、水星8を強化します。

ワンルームオフィス
（7運正面方位西1）

　2001年竣工のL字型の建物に部屋を借りる場合を見てみましょう。まず、マンション全体の正面方位を測ってフライングスターチャートを特定します。2001年竣工ですので7運、正面方位西1です。この建物の306号室を借りる場合、どのようなレイアウトが良いでしょうか。また、313号室の場合はどうでしょうか。

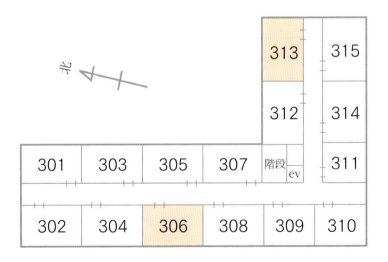

正面方位　西1

L字型の建物の場合も、正面方位の決め方は第3章の正面方位の決め方と同じです。より大きい通りに面している、正面玄関がある、建物の顔と考えられる、そこが住所となっている、などの点を考慮して決めます。

　このマンションのフライングスターチャートは以下の通りです。

フライングスターチャート

7運正面方位西1

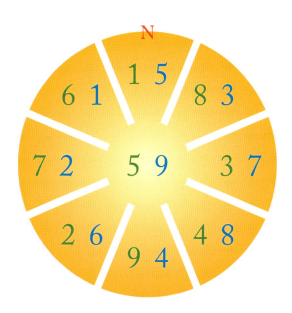

　このチャートを、306号室のフロアプランに当てはめます。

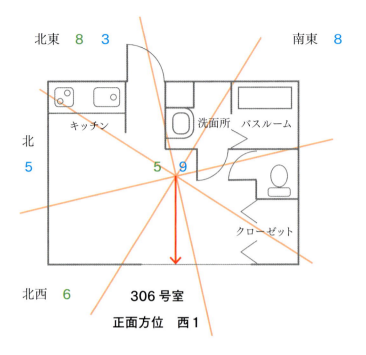

チェックポイント

　最強の金運スポット水星8とデスクの位置に最適な山星8、コピー機等を置かない方が良い水星5がどの方位にあるかチェックします。

　水星8は南東に、山星8は北東にあります。

　水星8がある南東はバスルームです。壁に振り子時計を掛けます。

　山星8は北東で、エントランスですのでデスクを置くことはできません。

　エントランスは水星3です。対策として赤いラグやマットを敷きます。

デスクは北西に置いて、ミリオンバンブーを置くなど、山星6の対策を取ります。

水星5は北です。このエリアにコピー機などを置かないようにします。棚等を置いて、対策として金属製の風鈴を掛けて時々鳴らします。

次に、同じ階の313号室を見てみます。同じように、フロアプランにビルのフライングスターチャートを当てはめます。

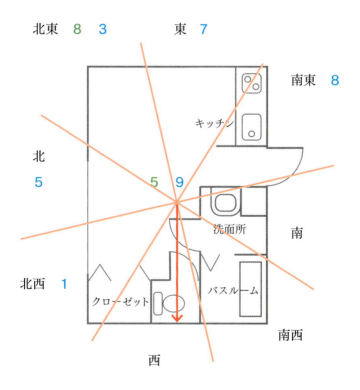

313号室

チェックポイント

　最強の金運スポット水星8とデスクの位置に最適な山星8、コピー機等を置かない方が良い水星5がどの方位にあるかチェックします。

　水星8は南東ですので、エントランスがある方位です。2023年まで金運に恵まれます。

　山星8は北東にあります。このエリアにデスクを置きます。

　水星5は北です。このエリアにコピー機等を置かないようにします。窓枠に金属製の風鈴を掛けて時々鳴らします。

　コピー機は北西の水星1のエリアに置きます。

　キッチンは東で水星7と南東の水星8にまたがっています。東にあるレンジを頻繁に使うのであれば、水星7の対策としてミリオンバンブーを置きます。

　いかがでしょうか。

　306号室はエントランスの水星は水星3、313号室のエントランスは大吉星の水星8と、同じ建物でも部屋によって金運が大きく異なることがわかります。

自宅マンションでネイルサロン
（7運正面方位東1）

正面方位　東1

　1990年竣工、正面方位は東1です。
　このマンションの806号室にお住まいの方がネイルサロンを開く場合、どのような使い方がよいのか見てみます。

　このマンションのフライングスターチャートは次の通りです。

フライングスターチャート
7運正面方位東1

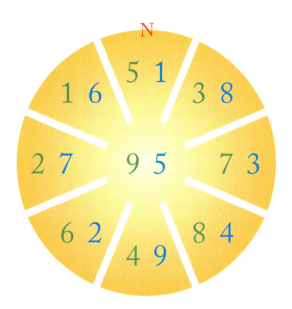

　マンションのフライングスターチャートを806号室のフロアプランに当てはめていきます。フロアプランの中心からマンションの正面方位である東に直角に線を下ろして、あとは第3章で述べた手順通りに806号室のフロアプランに水星を書き込んでいきます。この例は自宅なので寝室の山星も書き入れます。

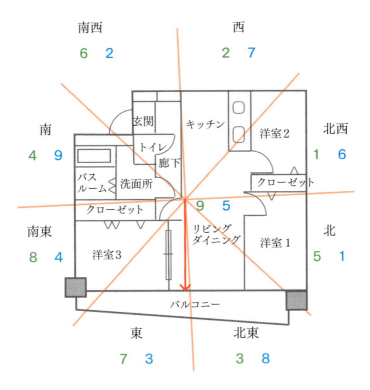

806号室

正面方位　東1

チェックポイント

間取りが決まっているので、部屋ごとに見ていきます。

水星5は中央にあって動けないので対策は不要です。

・玄関

水星2なので、対策としてコインを6枚置きます。

色は白、黒、ゴールド、シルバーでまとめます。

・洋室1
　寝室として使うと山星5（北）と山星3（北東）で、良い寝室とは言えません。一方、最高の金運スポットである水星8は北東のこの部屋にあります。北も水星1ですので、金運は悪くありません。この部屋をネイルサロン用の部屋に使い、北東のエリアにオーデイオを置いて音楽を流す、室内噴水を置く、振り子時計を掛ける、観葉植物を置く（この中から、お好みでインテリアに無理なくマッチするものをピックアップしてください）などの方法で水星8を活性化して金運を上げます。

・リビング
　北東と東にかかっています。北東には水星8があるので、テレビ、オーデイオ、振り子時計、室内噴水などを置くと金運を高めます。

・洋室2
　西部分は山星2水星7、北西部分は 山星1水星6です。
　寝室として使う場合、山星1の北西部分で寝るとよいでしょう。西部分に頭が入る形で寝る場合は、山星2の対策としてメタルのコイン6枚を西部分に置きます。

・洋室3
　東部分が山星7水星3、南東部分が山星8水星4です。頭だけでも南東部分に入れて寝ると、山星8の最高の寝室です。

・バス・トイレ・洗面所

　吉星の水星9があります。ちょっともったいない間取りです。2024年からは、このエリアの壁に振り子時計を掛けて金運を上げます。（もちろん、今設置しても可）

・キッチン

　水星でみますが、西にあって水星7です。

　対策としてミリオンバンブーなどの水生植物を3本か4本置きます。

第7章
グローバル化する
風水

風水コンサルタントになるまで

　科学では説明できない不思議な話や占いが大好きで、良く当たると評判の占い師がいると聞きつけると万難を排して駆けつける、という人生を送っていた私が、今から10年ほど前、家を新築することになりました。
　家相を観る占い師さんに相談して間取りを決め、ようやく鉄骨が建ち上がりつつあった冬のある日、書店で「フライングスター風水」という耳慣れない風水の本と出会ったことが、占いとの付き合い方を大きく変えるきっかけになりました。
　確かに占いは大好きでしたが、まさか自分が鑑定する側になろうとは、数年前まで考えたこともありませんでした。

　難解そうであり、面白そうでもあったフライングスター風水を一から学んでみたいという思いのもと、3回マレーシアに飛んで本の著者である風水マスターの講座に出席しました。
　講座の卒業試験に合格したあと、クラスメートだったシンガポーリアン達は次々とプロとしての活動を始めたようですが、私はまだ自信が持てず、友人知人の家を無料鑑定させてもらいながら勉強を続けていました。
　ちょうどその頃、香港の風水マスター、レイモンド・ロー師の講座を日本で受けることができるということを知りました。
　プロを目指すのか、このまま趣味で終わらせるべきなのか

悩みましたが、乗りかかった船に乗ってみることにしました。

　ロー師の講座を受講後、会社やウェブサイトを立ち上げてはみたものの、このままプロと名乗ってよいものかまだ迷いがあった2010年、主人がシンガポールに赴任することになりました。そしてロー師のスケジュールによれば、その年の夏、シンガポールで卒業試験が行われることになっていました。

　これは、神様がテストを受けなさい、と背中を押してくれているのかもしれない、と勝手に解釈した私は猛勉強を開始し、試験科目が風水、八字（生年月日を陰陽五行に置き換えて運を読み解く術）、易の3科目であること、30分間サシで行われる、ということ以外何も情報がないまま、テストに臨みました。

　私の直前に受けた2人は不合格、という暗い雰囲気のなかでテストは始まりました。

　終了後、「パス！ノープロブレム」と言われたときは、大学合格の時と同じ位嬉しかったことを覚えています。

世界に広がるフライングスター風水

　シンガポールで暮らし始めてから間もなく、マレーシアの風水マスターの講座で知り合った風水メイト達に誘われるまま、IFSA（国際風水協会）の総会に参加し、会員になりました。

IFSAは、2004年、シンガポール、マレーシア、香港の風水マスター達が中心となって、正統な風水の国際的な理解と普及を広げるという目的のもと、シンガポールを本部とするNPO法人として設立されました。TTGアジアメディア社長、ダレン・ウン氏を会長としてシンガポール、香港、オーストラリア出身の4名のグランドマスターが指導的な役割を担っています。

　会員になるための資格は特にありませんが、2017年1月現在、アジアのみならず欧米、中近東、オーストラリアを含む世界30カ国から132名、日本からは7名の会員が所属しています。1年に1回、総会が開かれ、グランドマスターや風水マスターの研究発表の場となっています。

　この協会には、正統な風水コンサルタントであるというお墨付きを与えることを目的とした、風水マスター認定制度があります。

　毎年、数名の風水マスターが誕生しますが、2017年1月現在、24名（シンガポール、オーストラリア、マレーシア、香港、インド、インドネシア、ドイツ、イギリス、ルーマニア、日本、トルコ、フィリピン、ウクライナ、スイス、アメリカ）の風水マスターが認定を受けています。

　風水マスターに認定されるための条件は、IFSA認定の風水スクールの卒業試験に合格していること、英語で5000文字以内の論文を提出すること、など幾つかありますが、2012

年、筆者は日本人として初めて風水マスターの認定を受けることができました。その後は、2013年シンガポールで行われた10周年総会と、2015年に上海で行われた総会でプレゼンテーションをする機会を与えていただきました。

フライングスター風水は、シンガポールを本部とするIFSAを発信地の一つとして、アジア、欧米のみならずトルコ、ドバイ、ロシアにも広がりつつあります。年に一回の総会では、各国の風水マスター達から、様々なエピソードを聞くことができるのも、会員としての楽しみの一つです。

思い返してみると、風水の師は英語を話す風水マスターであり、参考書もすべて英語の本でした。英語という世界共通語を通して、風水が今世界に広がりつつあるのも必然という気がします。

シンガポールに滞在中、現地最大の書店である紀伊国屋書店によく行きましたが、フライングスター風水の本が中国語の本の売り場はもちろん、英語の本の売り場にも沢山置いてあるのに、日本語の本の売り場には1冊も見当たらないことをいつも残念に思っていました。

一人でも多くの方にフライングスター風水術の面白さをお伝えしたいというのが目下の切なる願いです。

ドナルド・トランプ氏と風水

　ニューヨーク、マンハッタンにあるトランプインターナショナルホテル＆タワーが風水師のアドバイスによって改装されていたことをご存知でしょうか。
　2016年9月13日付けのイギリスの大手新聞ザ・ガーディアンが、今何かと話題のドナルド・トランプ氏の風水コンサルタント、プイ・イン師を取り上げています。（以下記事より抜粋）

　「風水マスター、プイ・イン師と彼女の父ティン・スン師のオフィスはニューヨーク、チャイナ・タウンの奥深い場所にあります。（中略）プイ・イン師によれば、ここ何年も、トランプ氏は風水を最優先事項の一つとして、不動産ビジネスに取り入れていたとのことです。
　1995年初頭、トランプ氏はトランプインターナショナルホテル＆タワーの改修プロジェクトにあたって、プイ・イン師と彼女の父親にトランプインターナショナルホテル＆タワーの風水鑑定と、アメリカの不動産業界で急成長する中国や香港からの投資家達との良い関係を築くためのデザイン変更をするよう依頼しました。（中略）
　彼女はトランプ氏に『現地に行って建物を見た時、すべて私達の指示通りにやってくれないのであれば、このプロジェクトには参加できません』と言い、トランプ氏はこの申し出

を承諾しました。（中略）

　今日、アイコニックな外観のトランプインターナショナルホテル＆タワーのいくつかは、プイ・イン師のアドバイスによるものです。（中略）

　プイ・イン師は今、ファッションレーベル Theory の CEO、アンドリュー・ローゼンから地方自治体から委託されたプロジェクトまで、幅広いクライアントやプロジェクトを受け持つ手堅いビジネスを展開しています。（以下略）」

プイ・イン師（写真 :Sasha von Oldershausen）

1995年6月、トランプインターナショナルホテル＆タワー起工式でのドナルド・トランプとプイ・イン師（当時27歳）

おわりに――
フライングスター風水にできること

　本書では金運を司る水星を中心に、主に商業施設を取り上げましたが、フライングスター風水術で一般住宅を鑑定する場合、金運もさることながら、人間関係運や健康運がクローズアップされます。

　なぜフライングスター風水に魅了されたのか、という質問に答えるとすれば、飛星の配置とその家に住んでいる人の歴史が符合することに何度も驚いているうちに、気が付いたら深みにはまっていた、というのが正直なところです。

　現存していませんが、1933年築4運の母の実家をフライングスター風水で検証してみた時もそうでした。
　トロント大学を卒業し、神学の大学教授をしていた祖父の好みで、イギリスチューダー様式の応接間がある、当時としては珍しい和洋折衷の瀟洒な家でしたが、祖父母を初め、その家族がフライングスター風水で示される星に少なからず影響を受けていたということがはっきりと説明できる家でした。玄関から勝手口、リビング、寝室、キッチンに至るまで、4運から取り壊される7運まで、良い星の配置がほとんどありませんでした。
　戦争の影響によるお金の苦労もあったようですが、一番強く作用したのは恐らく玄関の水星2と主寝室の山星2だった

と思います。この星の暗示通り、病人の絶えない家でした。

　お客様のなかには家相を観てもらって家を建てたのに良くないことが続いているのでフライングスター風水で観て欲しい、という方もいらっしゃいます。

　あるお客様の家は北道路に面しているのですが、当初、北東を玄関にとお考えだったそうです。ところが、有名な家相鑑定の方に鑑定を依頼なさったところ、北東は鬼門なので玄関には良くない、とアドバイスされたため計画を変更し、北西をお玄関になさいました。その家に移り住んで間もなく、ご家族がご病気になるなど悪いことが続いたため、心配になったお客様に鑑定を依頼されました。

　フライングスター風水で鑑定したところ、北西のお玄関は水星２、中央の階段は水星３、吹き抜けは水星５という家でした。鬼門と言われた北東は、フライングスター風水で観ると水星９で、とても良いお玄関になるはずの方位でした。

　鑑定の結果、お玄関にはメタルコイン６枚で色は白とゴールド、階段には赤い絨毯、吹き抜けは白い布の仮天井で塞ぐ、水星８がある客間に振り子時計を掛ける、という風水対策をしていただいた結果、この家に住み始めて以来生じていた様々な問題も解決し、今はお幸せに暮らしていらっしゃいます。

　フライングスター風水術が目指すのは、住人がその家で夜よく眠れること、良好な人間関係に恵まれること、金運に恵

まれることの3つです。

　フライングスターの配置があまり良くないとしても、対策を取ることによって改善することが可能です。

　本書では、金運を左右する水星を中心に解説しましたが、人が生きていく上で建物からのサポートが期待できる、この古くて新しい風水術をぜひ、皆様の暮らしにお役立ていただきたいと思います。

　　　　　　　　　　　　　　　　　　　藤木梨香子

[参考資料]

Feng Shui Essentials　著者 Raymond Lo
邦題　風水大全　河出書房新社

Feng Shui History in China & the West from 221BC to 2012 AD
著者　Stephan Skinner　　Golden Hoard 社

The Straights Times　日曜版　2006年6月4日、18日付け

伊勢丹75年の歩み　著者　菱山辰一
編纂　伊勢丹創業75周年社史編纂委員会

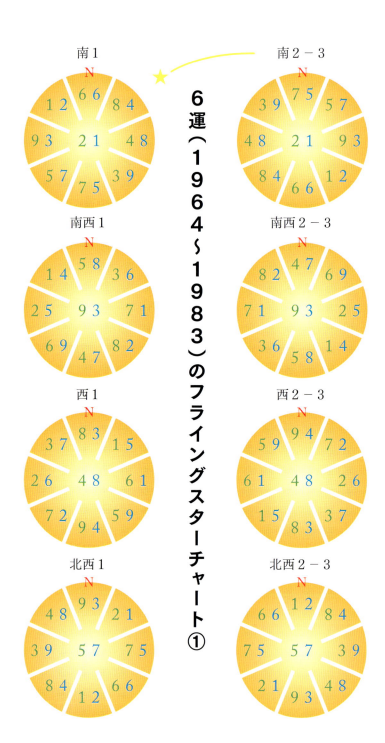

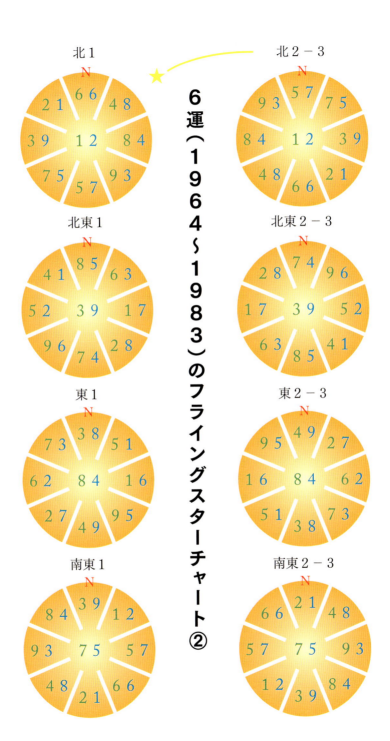

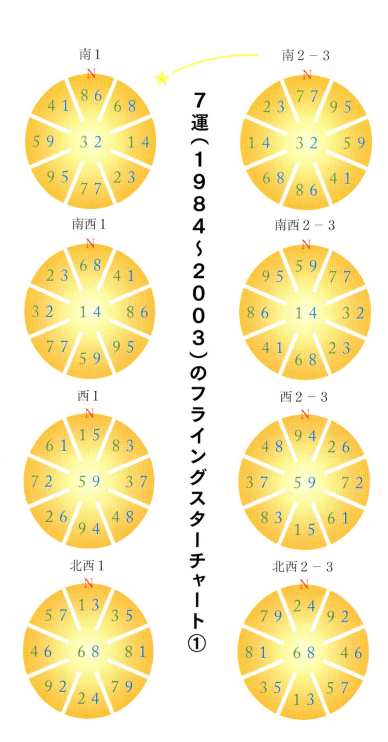

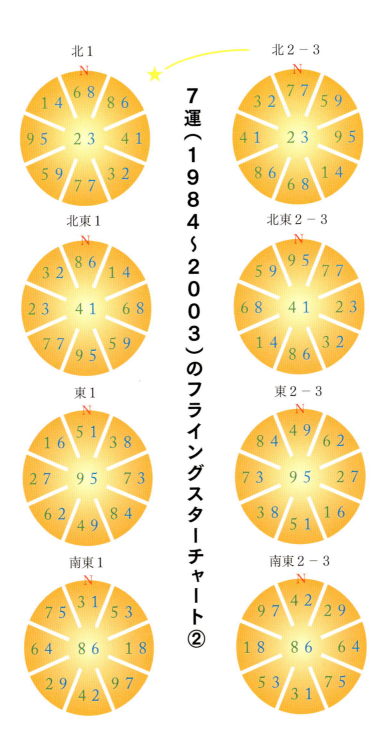

7運(1984〜2003)のフライングスターチャート②

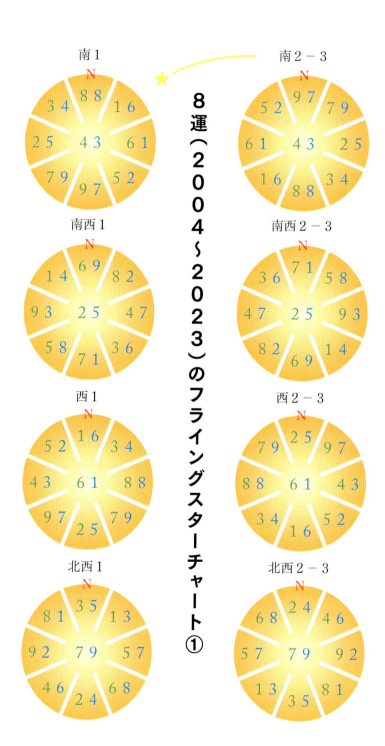

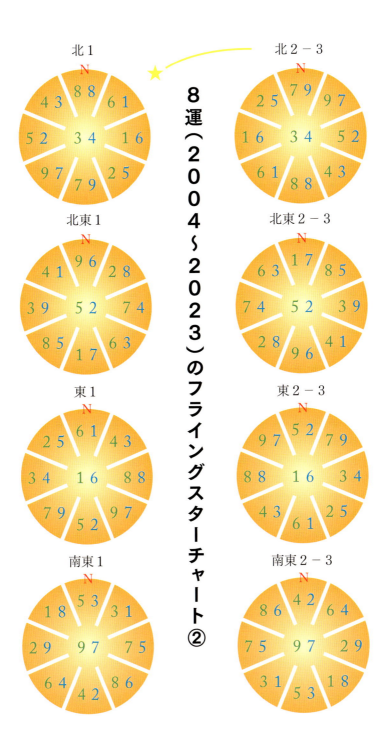

著者プロフィール

藤木梨香子（ふじき・りかこ）

東京生まれ。上智大学外国語学部フランス語学科卒。
結婚後、夫の海外転勤によりシンガポール、パリ、ウィーンでの生活を経験。

2008年　フライングスター風水の存在を知り、マレーシアの風水マスター、リリアン・トゥー師の講座に参加。
2009年　リリアン・トゥー師の卒業試験に最優秀ランクで合格（graduation with distinction）。
2010年　香港の風水マスター、レイモンド・ロー師の卒業試験に合格。マレーシアの風水師、ジョイ・ヤップの『ピュア風水』を翻訳出版（丸善プラネット社）
2012年　シンガポールに本部を置くNPO団体、IFSA（国際風水協会）で、日本人として初めて風水マスターの認定を受ける。
2013年　シンガポールで行われたIFSC（国際風水協会総会）10周年記念総会で「風水、八字、易でみる１９世紀末ウィーン」のタイトルでプレゼンテーションを行う。
2015年　上海で行われたIFSC総会で「日本に於ける中国形而上学の発展」のタイトルでプレゼンテーションを行う。

現在、夫の海外勤務地と日本を行き来しながら、風水コンサルタントとして活動中。

[著者ホームページ]

藤木梨香子・IFSA（本部シンガポール）認定マスター
風水コンサルタントのウェブサイト

http://fujikifusui.jp/

はじめてのフライングスター風水

2017年(平成29年) 8月2日　初版第1刷発行

著　者　　藤木 梨香子
発行者　　伊藤 滋
発行所　　株式会社自由国民社
　　　　　東京都豊島区高田 3-10-11 〒171-0033
　　　　　http://www.jiyu.co.jp/
　　　　　電話 03 (6233) 0781 (代表)
造　本　　J K
印刷所　　株式会社光邦
製本所　　新風製本株式会社

©2017 Printed in Japan.　乱丁本・落丁本はお取り替えいたします。
本書の全部または一部の無断複製（コピー、スキャン、デジタル化等）・転訳載・引用を、著作権法上での例外を除き、禁じます。ウェブページ、ブログ等の電子メディアにおける無断転載等も同様です。これらの許諾については事前に小社までお問合せ下さい。また、本書を代行業者等の第三者に依頼してスキャンやデジタル化することは、たとえ個人や家庭内での利用であっても一切認められませんのでご注意下さい。

［巻末付録］
「フライングスター風水方位シート」
について

はさみやカッターなどで、
円周の外側にそって
円形に切り抜いて
お使いいただくと便利です。

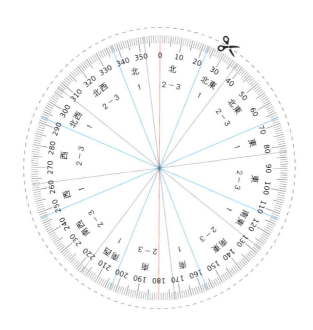

フライングスター風水
方位シート

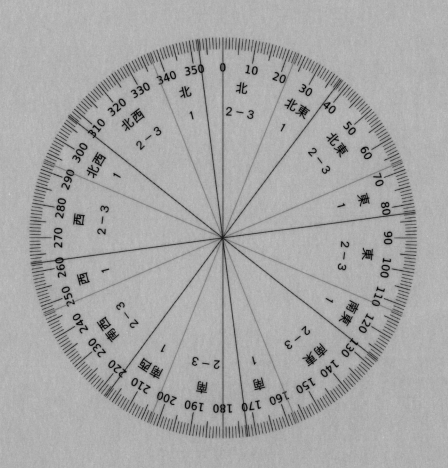

フライングスター風水
方位シート

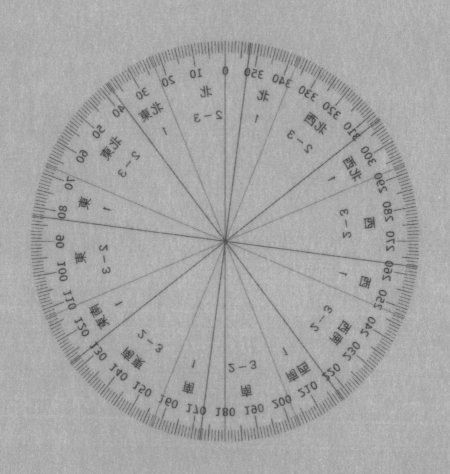